NAPOLÉON,

LA RÉVOLUTION,

LA FAMILLE DES BOURBONS.

NAPOLÉON
Empereur des Français. &.&.&.

NAPOLÉON,

LA RÉVOLUTION,

LA FAMILLE DES BOURBONS.

Par MM. AUGUIS, B. C. et R.

Ouvrage orné du portrait en pied de S. M. l'Empereur,
gravé en France, au mois de Décembre 1814.

A PARIS,

Chez Béchet, Libraire, quai des Augustins, nº, 63;
et chez les marchands de nouveautés.

1815.

NAPOLÉON,
LA RÉVOLUTION,
LA FAMILLE DES BOURBONS.

Un homme dont on ne peut apprécier le génie qu'en examinant la beauté de ses systèmes, la force de son courage et la rapide exécution de ses plans; un homme créé exprès pour le peuple français, mis par lui sur le trône, devait achever ce que la nation avait commencé, faire de la France la capitale de l'Europe, la métropole du monde : avec l'ambition du génie et les ressources de la France, Napoléon dut tenter la régénération de l'Europe. Mais un grand peuple qui ne devait son élévation qu'à lui-même, c'est-à-dire, à l'étendue de ses lumières et à la force de ses armes, devait donner de l'ombrage à ses voisins, comme aux empires les plus éloignés. L'Europe entière se voyait avec peine courbée sous l'ascendant de la France. Des royaumes entiers réunis à son territoire, semblaient n'avoir été conquis que pour en accroître l'étendue. Déjà nos aigles victorieuses avaient reposé la gloire de leur vol sur tous les trônes de l'Europe. Nous voyons renaître parmi nous ces jours triomphans où les Gaulois, vainqueurs sur des plages lointaines, allaient de contrée en contrée apprendre aux peuples vaincus qu'il n'y avait point sur la terre de région inaccessible à la gloire de leurs armes.

En vain tous les rois conspirés contre nous avaient voulu opposer à notre courage la double barrière des fleuves et des montagnes; en vain les trônes conjurés avaient appelé à leur secours une triple génération de défenseurs; les sceptres brisés dans la main des rois avaient couvert l'Europe de leurs débris; et la France, sortie triomphante de cette lutte européenne, marchait à de nouveaux triomphes, quand la nature, armée contre nous de l'inflexible rigueur des élémens, nous déclara une guerre nouvelle; d'implacables hivers soufflèrent sur nous la destruction et la mort. Ceux qui n'avaient pu trouver aux extrémités de l'Europe un terme à leurs conquêtes, en trouvèrent un, prompt et douloureux dans les angoisses d'un froid enivrant.

La nature inexorable semblait avoir juré la perte des vainqueurs du monde. Ceux qu'avaient épargnés les soleils brûlans de l'Égypte, succombaient aux traits aigus d'un froid homicide. Ces terribles guerriers qui, quelques jours auparavant, chassaient les peuples devant eux comme de vils troupeaux, et les refoulaient vers les antres du Nord, repoussés à leur tour par les frimats, trouvaient une mort ignorée aux lieux mêmes qui, quelques heures auparavant, avaient été les témoins de leur gloire.

La terre elle-même, liguée contre nous, se hérisse de frimats ; un frein de glace tient tous les élémens enchaînés, et la famine, auxiliaire de tant de calamités, voit tomber à ses pieds de nombreuses victimes.

Quel spectacle nouveau se présente à nos yeux ! ce ne sont plus des hommes armés contre des hommes ; les instrumens du carnage ont disparu. La plaine est couverte d'un vaste linceul de neige, sur lequel errent de loin en loin quelques grouppes épars de fantômes pâles et défaits. Bellonne, triste et muette, ne pose qu'en tremblant, sur le sol luisant, un pied faible et mal affermi. La faim mine au-dedans ceux que le froid tourmente au-dehors ; une force invisible les perce de ses traits aigus ; il semble que les frimas du Nord, honteux de la défaite de leurs habitans, aient pris à tâche de venger leurs injures.

Obligés d'abandonner à l'inflexible sévérité d'un climat inexorable les provinces qu'ils avaient conquises, nos guerriers, désarmés par le froid, cèdent en gémissant la victoire aux élémens conjurés. Cependant ils ont revu le ciel de la patrie ; et, comme Antée, ils ont trouvé des forces nouvelles en touchant cette terre féconde de gloire.

La France a revu ses enfans ; elle a donné des palmes à leur courage, et des pleurs à leur lointaine infortune.

Si le ciel, un moment armé contre nous, livra les fils de la victoire aux rigueurs d'un climat assassin, les enfans du Nord, abattus sous les coups d'un nouveau triomphe, ne tarderont pas à expier, dans la honte d'une nouvelle défaite, leur coupable alliance avec les élémens déchaînés. Déjà les plaines de Lutzen et de Baudzen gémissent sous le faix de leurs cadavres entassés ; de toutes parts l'airain exterminateur a sonné l'heure de la vengeance. Les élémens, sourds cette fois à leur appel, ont refusé leurs secours homicides. La victoire a tendu autour d'eux ses vastes filets ; rien ne peut les soustraire au char du triomphateur : en vain ont-ils confié le soin de leur défense à d'innombrables baïonnettes. Le nombre s'évanouit devant le courage, comme une ombre vaine.

Que vont-ils devenir ? oseront-ils attendre le choc de ces terribles colonnes qui les ont vu fuir tant de fois à leur approche. La trahison leur promet un triomphe plus assuré. Les princes, qu'une confédération protectrice avait admis à partager la gloire de la France, ont déserté notre alliance. Obligés en Russie de céder la victoire aux élémens conjurés, les Français ont vu fuir en Allemagne, loin de leurs drapeaux vainqueurs, ceux-là mêmes pour qui ils allaient vaincre. Condamnés désormais à se faire jour au travers de la trahison, pour venir se rallier sous l'égide de la patrie, ils marchent sur un terrain tout hérissé d'embûches ; la France elle-même est couverte des piéges de la perfidie. L'ennemi marche de défaite en défaite, de trahison en trahison, jusqu'aux murs de Paris. C'était là que l'attendait le plus honteux complot. La France a pris une face nouvelle. Ce trône national, qui pendant quatorze ans avait été le siége de la victoire, est devenu tout-à-coup le fauteuil à bras d'un vieillard malade de corps et d'esprit.

Cependant l'Empereur, prêt à partir pour cet exil dont la pensée humaine ne pouvait alors prévoir le terme ni calculer la durée, laissait au libre choix de ses guerriers le soin de lui faire plus particulièrement connaître ceux qui chérissaient l'homme, le héros, après s'être si constamment dévoués pour le triomphateur et le monarque. Tous n'exprimaient qu'un sentiment, tous voulaient le suivre ; mais tous ne pouvaient l'obtenir. L'Empereur désigna de préférence ceux que des liens de famille attachaient moins étroitement au sol de la patrie. S. M., qui avait fait du cœur humain une étude si approfondie, redoutait pour ses fidèles compagnons de gloire les regrets de l'absence. Il savait que la terre de l'exil, seulement féconde en souvenirs amers, n'est souvent arrosée que des larmes du désespoir ; mais il savait aussi que les âmes éprouvées par le danger se laissent difficilement briser par l'infortune. La douleur est une fièvre morale qui n'use que des ressorts long-temps frottés contre une adversité nécessiteuse. Les vainqueurs d'Austerlitz, de Jéna, de Friedland, de Wagram ; vingt fois retrempés par la gloire, n'avaient point oublié avec quelle prodigue reconnaissance leur héros, leur père, les avait admis à partager avec lui sa vivante immortalité. Le discours qu'il leur tint le 20 avril, au moment de quitter son palais de Fontainebleau, était digne de celui qui le prononçait comme de ceux auxquels il était adressé. La grande âme de l'Empereur s'y montra tout entière, mais sous une physionomie nouvelle. L'homme qui, vingt années auparavant, avait vu les sommets des Apennins tressaillir au récit de ses exploits ; celui dont les pyramides d'Egypte avaient applaudi la victoire aux plaines de Memphis, descend volontairement du premier trône du monde. Il descend... Ses guerriers, rangés autour de lui, muets de désespoir et d'admiration, reçoivent en pleurant les adieux du héros. Lui, calme comme au jour du danger, s'avance au milieu d'eux, et leur dit :

« Officiers et soldats de la garde, je vous fais mes adieux ; pendant vingt ans je vous ai conduits sur le chemin de la victoire ; pendant vingt ans vous m'avez servi avec honneur et fidélité ; recevez mes remercîmens. Mon but a toujours été le bonheur et la gloire de la France.

Aujourd'hui les circonstances ont changé.....
Lorsque l'Europe entière est armée contre moi;
quand tous les princes, toutes les puissances
sont liguées; lorsqu'une grande portion de mon
empire est livrée, envahie; lorsqu'une partie
de la France.... (en cet endroit l'empereur s'ar-
rêta, et puis continuant d'une voix altérée);
lorsqu'un autre ordre de choses est établi... j'ai
dû céder... Avec vous et les braves qui me sont
restés dévoués, j'eusse pu résister encore à tous
les efforts de mes ennemis; mais j'eusse allumé,
pour plus de trois années peut-être, la guerre
civile dans notre France, au sein de notre chère
patrie.... Officiers et soldats, n'abandonnez-
pas votre pays, trop long-temps malheureux;
soyez soumis à vos chefs, et continuez de marcher dans le chemin de l'honneur où vous m'a-
vez toujours rencontré.... Ne soyez pas inquiets
sur mon sort; de grands souvenirs me restent;
je saurai occuper encore noblement mes ins-
tans; j'écrirai mon histoire et la vôtre.... Officiers et soldats qui m'êtes restés fidèles jusqu'au
dernier moment, recevez mes remercîmens,
je suis content de vous. Je ne puis vous embrasser tous, mais j'embrasserai votre général.
Adieu, mes enfans; adieu, mes amis : conser-
vez-moi votre souvenir ! Je serai heureux lors-

que je saurai que vous l'êtes vous-mêmes. Venez, général. (Alors le général s'est approché, et il l'a embrassé vivement.) Qu'on m'apporte l'aigle, et que je l'embrasse aussi. (Le porte-drapeau s'avança, inclina son aigle, et l'empereur en embrassa trois fois l'écharpe avec la plus vive émotion.) Ah! cher aigle! que les baisers que je te donne retentissent dans la postérité! Adieu, mes enfans; adieu, mes braves : entourez-moi encore une fois. »

Quel homme de l'histoire s'exprima jamais, dans une pareille circonstance, avec une sensibilité aussi héroïque! Ces vieux soldats, tout mutilés par la faulx de la mort, et qui, selon la belle expression de Tertullien, n'étaient plus, pour la plupart, que des restes d'hommes échappés aux ravages de la guerre, partagés, en ce moment pénible, entre deux sentimens contraires, hésitaient entre le désespoir de se voir séparés de celui qui les avait tant de fois conduits à la victoire; et l'admiration que ses dernières paroles leur inspiraient.

Cependant l'heure de la séparation venait de sonner ; l'empereur, accompagné du général russe comte de Schowalow, du général autrichien baron de Koller, d'un général prussien, du colonel anglais Neil Campbell, et du comte

Klain, aide-de-camp du prince de Swartzem-
berg, monta en voiture.

C'était un spectacle à-la-fois douloureux et touchant que de voir pressées autour de ce grand homme, au moment où il allait partir, toutes les personnes de sa maison, qui venaient tour à tour imprimer leurs lèvres respectueuses sur cette main qui, quelques jours auparavant, faisait encore trembler le monde entier. Les généraux Drouot et Bertrand, qui avaient voulu accompagner l'Empereur, étaient dans sa voiture. Sa majesté, émue par l'expression des sentimens que ces braves venaient de faire éclater avec un si généreux dévouement, avait peine à contenir la sensibilité puissante dont sa grande âme était affectée. Cet homme, dont l'inflexible volonté avait condamné le destin lui-même à lui obéir, cède en ce jour à ses perfides décrets; il cède, mais son âme est restée au niveau de sa fortune passée; indépendante dés secousses qui viennent d'ébranler pour un moment sa puissance, elle est calme et sereine au milieu des dangers qui se pressent autour d'elle.

Le tourbillon des révolutions emporte, dans son cours rapide, le vulgaire des héros; le grand homme seul repousse, sans en être ébranlé, les vagues impuissantes de la mauvaise fortune : sourd au bruit des trônes qui s'écroulent sous ses pas, il semble ne se dépouiller du pouvoir que pour revêtir une gloire nouvelle : il a déposé le sceptre sur l'autel de la patrie.... Mais, sèche tes pleurs, peuple généreux; ta splendeur, un moment éclipsée avec lui, renaîtra plus éclatante que jamais ; tu ne seras point déshérité de ta gloire....

Il part.... laissant pour successeur un prince vieilli dans l'enfance des préjugés politiques et religieux. France! couvre d'un voile funèbre ce front ensanglanté que courbe avec audace un insolent étranger! et vous, aigles sublimes, qui étendîtes tant de fois la gloire de vos ailes sur les peuples soumis à nos triomphes, vous dont le vol rapide renversait, en passant, les trônes rebelles, éteignez dans les pleurs des peuples consternés ces foudres vengeresses dont la menace fit tant de fois pâlir les rois sur leurs trônes ébranlés!

Il part, et la patrie, devenue la proie du perfide étranger, n'a plus que de stériles larmes à donner à son exil....

Qu'a fait pour descendre du trône celui par qui les rois y montaient? Trop confiant dans la reconnaissance due aux bienfaits, il avait associé aux dangers de la patrie ceux que , dans des temps plus heureux , il avait associés à sa gloire.

Il part.... poussé par la trahison vers la terre de l'exil ; mais vaincu seulement par la perfidie, il emporte pure et sans tache la gloire de son épée.

Accourez sur son passage , peuples qu'il a replacés sur le trône que d'injustes souverains vous avaient ravis ! venez, admirez les augustes malheurs du héros dont la vie tout entière fut consacrée à votre prospérité. Plus grand dans l'infortune qu'assis sur le premier trône du monde, il marche à l'exil comme il marchait à la victoire. Et vous, phalanges invincibles , qui des pyramides d'Égypte aux remparts de Moscou , le suivîtes de triomphe en triomphe au travers des dangers de la nature et des hommes, venez entourer de vos vœux celui qui, aux jours du péril , n'en formait que pour vous; donnez un libre cours aux transports de votre juste douleur ! et vous, échos des montagnes, reportez au loin les cris du désespoir ! et vous, vastes cités , qui, naguères si florissantes, portiez vers les cieux vos tours triomphantes, tristes maintenant , et dépouillées du panache national qui flottait avec tant de gloire sur votre front, venez puiser dans les regards du héros qui traverse votre enceinte, moins en monarque détrôné qu'en prince qui marche à la conquête d'un sceptre nouveau, l'espoir de le voir bientôt revenir au milieu de vous en père de la patrie. Et toi, bienfaisante Thétis, toi qui prêtas jadis le secours de tes ondes vengeresses au retour de son exil africain, porte avec orgueil aux rivages de l'Elbe l'homme du destin. C'est à toi que Cybèle confie pour un moment ce dépôt précieux ; à toi que la France remet avec respect ce géant moral dont la vaste gloire s'étend au-delà des bornes de ton empire : et vous, enfans légers d'Éole, vous dont le souffle inconstant tyrannise les mers, portez loin de son trône trahi celui qui compta parmi ses courtisans des hommes plus inconstans que vous.

Pleure, terre de la patrie ; pleure, il est déjà loin de toi celui qui te couvrit si long-temps des rayons de sa gloire ! Qui pourra désormais te mettre à l'abri de ces invasions barbares dont les flots conspirés t'inondent de toutes parts ? Dans quelles mains trouveras—tu un sceptre assez vigoureux pour repousser tant d'audace ; un prince assez dévoué pour mettre sa gloire aux prises avec la mauvaise fortune ; assez exempt des illusions du pouvoir, pour rendre aux mains de la nation la couronne qu'il en avait reçue ; assez prodigue de la victoire pour la partager avec tous ses généraux ; assez confiant dans sa fortune pour ne pas craindre de se heurter contre une fortune devenue plus heureuse?

Le trône n'était pour lui qu'un premier dégré vers la gloire. Que va-t-il devenir ce trône désert? Où est le mortel assez audacieux pour s'y asseoir, après tant de génie ? Sera-ce un de ces généraux qu'il apprit à vaincre à l'ombre de sa gloire ? Mais tous sont en pleurs; tous.... Pourquoi faut-il que la trahison vienne au milieu de tant de douleurs mêler les accens de l'indignation à la voix plaintive du regret? Un ami, un compagnon d'armes a trahi la confiance de son prince. L'ingrat ! il n'a pas craint de conquérir la honte avec le glaive de la victoire ; le fils de la patrie a vendu la défense de son pays! et toi, qui pendant vingt ans t'étais plu à le former à l'école de la gloire, tu le vois, infidèle à son épée comme à son cœur, abdiquer la victoire, et mettre le triomphe de la trahison à la place du triomphe des armes. Tu le vois, et ta grande âme est déchirée.

Cependant le mépris de l'armée a vengé le

parjure; exilé des rangs de nos braves, le perfide cherche en vain un refuge dans le respect dû à son rang; il n'y trouve que l'indignation; il ne voit autour de lui que la haine armée pour la vengeance du héros qu'il a trahi; sa voix méconnue se perd au milieu des accens d'une juste fureur. C'est alors, mais trop tard, que les dures étreintes du remords viennent comprimer les battemens de son cœur oppressé.

Cependant il a consommé la perte de la patrie; les portes de Paris, ouvertes à l'invasion des barbares, vomissent dans nos murs les flots de la dévastation et de l'ignorance : la capitale des sciences et des arts est devenue le repaire de hordes sauvages; l'étendard de la honte flotte aux lieux où nos armées triomphantes avaient planté le drapeau de la victoire; la sédition pousse d'insolantes clameurs; la France détrônée a perdu tous ses droits; l'anarchie demande à grands cris un changement de dynastie; on voit tout-à-coup sortir des décombres de la révolution des princes vieillis dans la proscription. L'esprit d'indépendance, arrêté dans son cours, rebrousse vers les préjugés de l'antique servitude; les vainqueurs d'Arcole, de Marengo, d'Austerlitz, d'Iéna, ont fait place aux héros de Quiberon; Charette a mis la gloire de Desaix dans l'oubli ; nos temples retentissent d'hymnes religieux chantés à la mémoire de Georges ; les défenseurs de la patrie ne sont plus que des rebelles, traîtres pendant vingt-cinq ans à leurs princes légitimes ; la France n'a plus de héros que ces guerriers exilés depuis cinq lustres, et que toute l'Europe armée contre un seul homme, amène à sa suite.

Rentrez dans l'oubli, hommes géans, vous qui vîtes tant de fois l'Europe vaincue fléchir un genou suppliant devant votre noble courage! Cédez la palme de la victoire à ces royales épées qui, dédaignant de se commettre avec des baïonnettes révoltées, préférèrent leur noble oisiveté à cet éclat roturier dont le prestige s'évanouit devant eux, et confièrent à des armes étrangères le miracle de leur retour. Et vous, soldats citoyens, qui, pendant vingt-cinq ans, fîtes à la France un rempart de vos corps ; vous qui, cent fois ralliés autour de l'autel de la patrie, vîtes l'impuissante fureur des factions ennemies venir se briser contre votre généreux dévouement, dépouillés désormais de vos droits, vous allez retomber dans la fange de l'humiliation.

Ils sont revenus au milieu de vous ces priviléges honteux dont la proscription faisait votre force. Ils triomphent aujourd'hui, ceux dont vous triomphâtes tant de fois ; insolens comme s'ils ne devaient ce triomphe étranger qu'à la gloire des armes nationales, ce ne sont point des parens, des amis, des concitoyens qu'ils vous ramènent ; l'ivresse de la victoire leur inspire à tous des sentimens plus vains. Les Français restés fidèles à la patrie ne sont plus, aux yeux des Français restés fidèles au prince, qu'un peuple vaincu. Armés du bandeau des préjugés, ils rappellent, à leur retour, de la longue proscription où la France entière les tenait reléguées depuis vingt-cinq ans, les idées vieillies de noblesse héréditaire, de dîme, de féodalité . etc.

Le sceptre, échappé des mains de Charlemagne, est retombé au pouvoir d'un nouveau débonnaire. Le temps des miracles est enfin revenu ; le ciel vainqueur a recouvré tous ses droits sur la terre ; et la terre, fécondée par les émanations célestes, présente à la crédulité des peuples régénérés par l'ignorance et la superstition, ces jours de miracles et de prodiges dont les coupables rayons d'une audacieuse philosophie avaient trop long-temps éclipsé l'éclat. Déjà se préparaient pour nous ces jours de superstition et d'erreur où la couronne de

Charlemagne, vassale à son tour de la couronne de Rome, allait proclamer son obéissance ; un torrent d'anathêmes allait fondre sur nous.

L'excommunication, déchaînée sur l'Europe, s'assied de préférence sur le front des rois ; errant de trône en trône, elle en chasse les princes au gré de sa politique, remet aux mains de saint Pierre les sceptres de la terre, reporte d'un trône à l'autre le gouvernail des peuples ; et, confondant tous les pouvoirs, charge son front usurpateur d'une triple couronne ; elle déchire d'une même main et la charte des nations et la pourpre des rois. Les peuples, écrasés sous les débris des trônes, se traînent de sceptre en sceptre au milieu du détrônement des lois ; héritiers des caprices de saint Pierre, ils reçoivent de ses mains les fléaux de la guerre civile : pris et repris vingt fois dans un siècle, les trônes sont autant de citadelles qu'assiégent tour-à-tour et la tiare et l'épée. On n'entend dans toute l'Europe que la chute des couronnes et le brisement des sceptres. La pourpre royale, exilée du pouvoir, court se réfugier au fond des cloîtres, et les clefs de saint Pierre ouvrent ou ferment à leur gré le cœur des peuple à la fidélité des rois.

Grande et vagabonde au milieu des Gaulois, la France étend sur l'Europe son vaste bouclier, envoie ses enfans aux dernières extrémités de l'Asie porter la gloire de son nom, planter ses drapeaux vainqueurs sur les hautes citadelles, et franchir les rochers du Capitole : triomphante au milieu des Huns, des Goths, des Visigoths et des Alains, elle voit les vastes flots d'une génération tout entière venir se briser contre son large bouclier.

Vaincue par les Francs, elle soumet la victoire à ses mœurs, à ses usages, à ses coutumes ; épouse d'un peuple libre et généreux, elle repousse de son sein tous ceux que leur barbarie rend indignes de son alliance ; immortelle comme sa gloire, elle étend sur les siècles un sceptre respecté ; debout au milieu des générations, son trône rayonne de splendeur. C'est de là qu'assise sur des trophées, elle promène ses regards satisfaits sur un peuple noble et vaillant ; c'est de là qu'elle voit arriver à ses pieds les hommages du monde entier, et que, revêtue de la pourpre consulaire, elle adopte dans leur ruine les débris de la grandeur romaine. Armée des vengeances de l'Europe envahie, elle refoule loin d'elle les nombreux bataillons de ses ennemis ; luttant contre l'igno-

rance qui étend autour d'elle de vastes ténè-
bres ; elle lance au milieu de l'obscurité les
premiers rayons de la civilisation renaissante ;
filles adoptives de son trône, les Muses viennent
en chœur s'asseoir à ses côtés ; et les arts, rangés sous sa tutelle, reconnaissent ses bienfaits
par de nombreux chefs-d'œuvres. Mais, fatiguée
des combats qu'elle vient de livrer à la barbarie
qui rugit plus nombreuse autour d'elle, elle
semble un moment disparaître pour se soustraire au honteux spectacle du crime aux prises
avec le crime, du sang armé contre le sang, et
de son sceptre brisé en éclat par de coupables
enfans. Saisie de tant d'horreurs, elle s'enve-
loppe dans son manteau royal, et attend, pour
reparaître, que le trône orphelin, et attaqué
de toutes parts par des armes étrangères, appelle sa présence.

Il n'y avait de grand, que ce qui était légi-
time ; de bon, que ce qui était ancien ; de beau,
que ce qui était selon l'usage de nos pères ; de
sage, que les parlemens ; de brave, que l'armée
de Condé ; de noble, que ceux dont le trisaïeul
avait été tué à la première croisade. Aussi que
de preux chevaliers n'avons-nous pas vus renaître parmi nous ! Il nous sembla, pendant huit
mois, voir errer au milieu de nous l'ombre des

héros de Minden et de Rosbach ; les guerriers
de Malplaquet avaient pris la place des héros
de Wagram. On n'entendait plus parler que
du siége de Berg=op-Zoom, que de la bataille
de Klosterckam ; les lauriers de Fontenoy bril-
laient de nouveau au milieu de nous comme le
buis béni au dimanche des Rameaux. Le camp
de Compiègne avait pour M. le comte de Vio-
ménil tout le piquant de la nouveauté ; la France
n'avait point eu de grand général depuis la
mort du maréchal de Saxe ; de bon capitaine,
depuis le dévouement du généreux d'Assas.
Georges promettait de faire un jour quelque
chose, si le glaive de la justice n'était pas venu
le frapper au moment même qu'il s'armait du
poignard qui devait assassiner le héros de son
pays ; Moreau eût pu trouver place dans l'Histoire, s'il eût moins long-temps différé à tour-
ner ses armes contre sa patrie ; il manqua à la
gloire de Pichegru de n'avoir pas consommé
la ruine de la France ; la trahison de Dumou-
riez lui donnait quelques droits à l'estime de
ses contemporains, mais il n'avait pas assez
fait pour la bonne cause. Le seul Charette avait
fait un noble emploi de ses talens militaires ;
il ne lui manqua pour être un bon général que
d'être un grand seigneur : sa gloire fut tant soit

peu roturière ; c'était le seul reproche que M. de Montmorency lui faisait.

Et vous, noble duc de Raguse , pourquoi ne vous proclamait-on pas le brave des braves, vous dont le sublime désintéressement crut faire un bon marché en donnant la capitale du monde entier pour une compagnie des gardes-du-corps? Est-ce que par hasard votre gloire militaire aurait donné de l'ombrage au génie guerrier du duc de Berry? Depuis quand la modestie est-elle donc devenue l'apanage des princes? Je croyais qu'il n'y avait que pour les émigrés qu'elle fût une obligation ; mais en revanche que de récits de victoires imaginaires! Le prince de Condé a successivement vu fuir devant lui tous les généraux français de l'armée du Rhin. Si le comte d'Artois n'a pas conduit, en 1792 , le triomphe des Prussiens jusqu'à Paris, c'est qu'il a craint de souiller l'innocence de son épée en la trempant dans le sang impur des patriotes. Rien n'était plus facile au duc d'Angoulême que de devenir un héros; mais il n'avait de goût qu'à la guerre civile. Une bouteille de vin de Champagne suffisait pour faire monter le courage à la tête du duc de Berry; mais par malheur rien ne pouvait le lui faire entrer dans le cœur. Nous parlerions de la bravoure de Louis XVIII, si quelqu'un en avait parlé avant nous; .... nous attendons que les bulletins de l'armée russe en fassent l'éloge. Quant à la duchesse d'Angoulême, nous savons qu'armée d'un crucifix, elle braverait l'univers, à une petite condition pourtant: c'est que l'univers s'engagerait par-devant son confesseur à donner, par courtoisie, à la duchesse d'Angoulême le spectacle de la guerre civile ; on va même jusqu'à dire qu'elle ne serait pas éloignée de jouer un rôle dans cette pièce d'un nouveau genre; les poignards de la Saint-Barthélemy ont pour elle un charme tout particulier. De quelle ardeur ne la vîmes-nous pas animée en entendant le *Dies iræ!* il n'y a dans tout cela rien d'étonnant; tout le monde sait que le *Dies iræ* est la Marseillaise des émigrés.

Mais qu'entends-je? des cris de guerre partent de toutes les extrémités de la France; le trône appelle à grands cris autour de lui la protection de ces mêmes baïonnettes qu'hier encore il dédaignait d'admettre à sa défense; le peuple, répudié par une insolente prospérité, est admis aux dangers de la patrie ; la couronne des rois chancelle sur leur front consterné,

Quelle nouvelle calamité menace donc de s'abattre sur la France? Les portes de nos cités, ouvertes à un nouveau débordement de barbares, ont-elles succombé sous les coups redoublés de l'invasion? Le Nord, refoulé vers le Midi, vient-il de nouveau nous inonder des flots de sa barbarie? Quelle servitude nouvelle menace d'enchaîner les peuples à la glèbe? au travers de quels fleuves de sang nous faudra-t-il donc encore nous frayer un passage vers la terre de la mort? vers quels gouffres nouveaux le destin inexorable veut-il donc précipiter les générations? Attila, déchaîné sur l'Europe, voudrait-il de nouveau la conquérir? Mais la paix tient tous les peuples sous son empire : pourquoi donc ces soudaines terreurs du trône, ce cri de guerre poussé avec tant d'épouvante? La France est en armes; pour qui?..... pour un seul homme.

Réjouissez-vous, enfans de la patrie! il est de retour au milieu de vous, celui qui vous mena tant de fois à la victoire ; il est au milieu de vous, l'élu du peuple ; il vient, de triomphe en triomphe, porté par l'amour des Français, de cités en cités. La France, à son aspect, se relève grande et majestueuse ; le peuple répond par des cris de joie aux belliqueuses clameurs du trône épouvanté. C'est vainement qu'un prince, cruel à force de faiblesse, secoue d'une main coupable, sur les peuples, les torches ardentes de la guerre civile. Les peuples, sourds aux perfides instigations d'une fureur mal déguisée, marchent au-devant du héros qui leur ramène ces beaux jours de gloire et de prospérité qui avaient fait de leur patrie la patrie des grands hommes et des grandes choses.

Étranger sur un trône qui le repousse, un prince qui n'eut de volonté que pour remettre aux mains des plus vils courtisans un sceptre qui ne se consolait de sa honte présente que dans le souvenir de sa gloire exilée, veut, mais trop tard, appuyer les bases ébranlées de son trône sur la confiance de ses peuples. C'est en vain que sa puissance, devenue tout-à-coup moins altière, abaisse jusqu'à la nation les hauteurs de la majesté.

Les rois qui se précipitent du trône croyant tomber dans l'amour des peuples, ne trouvent dans leur chute qu'indifférence et mépris: inhabiles à préparer les voies qui conduisent du trône à l'humble retraite du sage, ils ne voient pas que cette masse de préjugés qu'ils ont placée entre le peuple et la couronne, est devenue pour eux une digue insurmontable, tandis que le peuple, de son côté, n'a besoin que d'un geste de sa volonté pour la renverser, et demander compte aux rois des coupables excès de leur sceptre.

Malheur aux despotes qui ne se réfugient dans l'appui de leurs sujets que lorsque la terreur les a chassés de leur trône ! Précipités du pouvoir dans le mépris, ils courent chercher un asyle dans le sein de la proscription. Exilés désormais du sol de la patrie, ils ne regrettent que le pouvoir qu'ils y ont laissé. Insensibles aux malheurs qui peuvent avoir abrégé les destinées des hommes restés fidèles à leur cause, ils n'ont de larmes que pour eux : leur sceptre, proscrit et brisé, s'abreuve des larmes d'une stérile fureur. Mais c'est en vain que leur orgueil croit, en se couvrant des lambeaux usés d'une pourpre détrônée, jeter les rets du despotisme sur des peuples émancipés par l'expérience. En vain tenteront-ils d'armer contre nous la jalousie de mos voisins; en vain le Nord, précipité vers la France, nous ramènera-t-il ces jours de sang et de ruines où Alaric menaçait d'immoler à sa vaste vengeance tous les peuples du Couchant; la France, environnée d'une ceinture de baïonnettes, verra leurs efforts conjurés succomber sous le glaive vengeur des enfans de la patrie.

Heureuse France ! te voilà encore une fois remontée à la source de prospérité qui fit, pendant si long-temps, la haine et le désespoir de tous les sceptres de l'Europe ! le père de la patrie a franchi les murs qui le tenaient éloigné de ton bonheur. Porté au travers des obstacles par l'amour de ses peuples, il n'a point attendu, pour se frayer un passage au travers des dangers qui se pressaient autour de lui, que de nombreuses phalanges, accourues à sa voix, vinssent l'entourer de leur dévouement; seul, avec sa gloire, il marche au-devant de l'amour des Français ; il marche, et les Français, précipités en foule sur son passage, remplissent les airs de leurs cris d'allégresse. Le sol de la patrie a tressailli de joie sous ses pas ; la nature elle-même a pris une parure plus riante ; le soleil jette sur l'univers des rayons plus clairs et plus purs ; la France sort libre et majestueuse du sommeil despotique sous lequel de pesans préjugés la tenaient honteusement accablée; les cris de l'indépendance courent d'échos en échos annoncer au peuple des campagnes que le vainqueur de l'ignorance et de la superstition a secoué sur la France le flambeau de la liberté.

Chaque pas du héros sur le sol de la patrie est une conquête nouvelle sur l'amour des Français ; son triomphe se compose d'une population tout entière accourue sur son passage. Napoléon est débarqué en France, accompagné seulement de quelques centaines de braves demeurés fidèles à l'exil, et déjà tous les dangers qu'un trône féodal envoyait au-devant de lui se sont évanouis. La peur a mis hors de la patrie ceux qui voulaient mettre le héros de la France hors de la loi. Avec eux sont partis les honteux préjugés. La raison respire enfin de leur présence. La pensée libre et entière a recouvré ses droits ; elle n'a plus rien à craindre d'une odieuse proscription. Et vous, sévères législateurs, qui, placés par la volonté de la nation au-dessus du trône des rois pour en surveiller la conduite ; vous, à qui la patrie avait confié le trésor de son indépendance, vous qui brisâtes d'une main républicaine un sceptre coupable, rentrez dans la reconnaissance de vos concitoyens ; ils sont finis pour vous, ces jours de menace et de vengeance qui ne vous éclairaient que des sanglantes lueurs des Euménides : les poignards qu'un royal ressentiment avait armés contre votre sein, ont fui loin de vous ; le trône qui avait conspiré votre perte, a conspiré sa chute.

Repoussez loin de vous ces coupables terreurs qu'un sceptre parjure irritait contre votre tranquillité. Ils ont disparu les pièges cachés que semait sur vos pas une vengeance secrète : vous n'irez plus, vétérans de la liberté, loin du toit octogénaire que vous aviez choisi pour être le dernier asyle de votre vie, chercher loin du sol de la patrie un refuge contre les vengeresses perquisitions d'une clémence sanguinaire : changez vos larmes de douleur en larmes de joie ; venez joindre vos chants de reconnaissance aux accens de l'allégresse nationale. Et vous, qui achetâtes de la patrie les propriétés de la patrie, ne craignez plus qu'un ingrat transfuge que votre généreux oubli avait absous de ses crimes, vienne à main armée, et dans l'attitude d'un lâche assassin, réclamer le domaine qu'aux siècles féodaux son père avait aheté au prix du crime, et que lui-même avait perdu par le crime. Le traître ! il n'était fort qu'en l'absence des lois ; il croyait au long sommeil d'un peuple trahi, le perfide ! mais l'heure de l'indépendance a sonné, la France entière est debout : le voyez-vous ? le lâche ! il fuit du même pas qu'il se précipitait sur sa proie. La patrie lui ouvre les portes avec joie, et le rejette avec mépris sur la terre étrangère. C'est en vain que, semblable au loup affamé, errant autour de la bergerie, il rôde, hideux de rage, autour des murs de la patrie; c'est en vain que ses vœux impatiens appellent l'heure de la guerre civile, en vain qu'il implore à genoux l'invasion étrangère, qu'il médite la ruine de sa ville natale, la mort de ses concitoyens; tous les Français, unis par un même vœu, mus par un même sentiment, ont juré de défendre leur indépendance contre la conjuration de tous les trônes.

Les peuples armés pour la défense de leurs droits, sont toujours invincibles. Que sont des peuples poussés par le despotisme contre la majesté d'une nation qui ne combat que pour la défense de ses droits? Les rois ne sont grands que lorsque les peuples sont à genoux.

Lève-toi donc, peuple français, et tu verras tous les trônes de l'Europe s'abaisser! Et vous, ministres des autels, vous qu'une foi pure et patriotique éclaire de ses rayons bienfaisans, portez au ciel les vœux de la patrie; que le ciel, conjuré avec nous, verse sur nos ennemis les trésors de sa colère : que nos vœux, épurés par la sainteté de votre ministère, montent aux cieux, chastes comme les sentimens dont ils sont composés : et vous, que Luther détacha du trône de saint Pierre ; vous aussi., enfans de Calvin , vous tous qui , nés sous les différentes phases de la religion , arrivez par les différens cultes à l'adoration du père de la nature , remplissez les airs de vos cantiques ; que la liberté les inspire , et les cieux verseront sur les enfans de la patrie la victoire et le triomphe de la raison, de la morale et de la religion. Il n'y a point de prières sacrilèges toutes les fois qu'elles partent d'une âme pure et inspirée par de nobles pensées.

Il est enfin venu le temps où les peuples vont puiser leurs lois dans l'expression de la volonté générale ; nous n'aurons plus à craindre les empiétemens journaliers du trône sur les priviléges de la nation. Les droits imprescriptibles de la nature font taire de toutes parts les royales prétentions. Les Français , encore une fois échappés au despotisme, se pressent en foule autour de leur libérateur. Nos arcs triomphaux ont secoué le crêpe funèbre qui les enveloppait ; la patrie n'est plus un mot vide de sens ; notre gloire nationale n'a plus à craindre de criminelles associations ; les victimes de Quiberon ne disputeront plus aux vainqueurs d'Austerlitz la gloire d'un monument, et nous ne verrons plus l'étoile de l'honneur luire sur un cœur qui, pendant vingt-cinq ans, n'eut pas un seul battement français.

La pensée, relevée de la honteuse interdiction qu'un gouvernement paternellement despotique lui avait imposée, reprend un libre essor : la presse n'attend point, pour alimenter l'opinion publique, qu'une police inquisitoriale l'ait dégagée des liens de la censure. Les ressorts du gouvernement se meuvent à découvert ; rien de caché, rien d'arbitraire ; un ordre bien entendu règle tous les mouvemens de la chose publique ; il n'y a pas le plus petit écart anarchique, tout marche dans le sens de la loi.

Nous n'aurons plus à craindre que l'ordonnance du lendemain détruise l'ordonnance de la veille ; nous ne verrons plus la garantie de nos libertés tomber dans les piéges du sophisme ministériel ; le trône ne viendra plus dicter d'insolentes volontés à la nation, et la proscription, cessant d'ombrager son front du panache de la gloire, ne portera plus au milieu de nous une tête hérissée des couleuvres de la vengeance. Les Français, ralliés à l'aigle qui plane d'un vol également protecteur sur toutes les têtes, n'auront rien à redouter des poignards de la réaction : tous enfans de la même famille, ils n'auront point à se disputer entre eux de vaines prérogatives; la féodalité ne reviendra plus, la main pleine d'antiques parchemins, marquer à la craie les rangs de la société; il ne faudra plus avoir tenu l'étrier de Godefroy de Bouillon pour prendre le titre d'écuyer; l'extrait de mort d'un aïeul tombé sous les coups du sultan Saladin ne sera plus un brevet de bravoure; la prise de Nicée ne fera plus oublier la prise de Dantzick, et les vainqueurs des pyramides n'auront plus rien à envier aux libérateurs du Saint-Sépulchre.

La France, régénérée par la gloire, prend une face nouvelle; les conquérans de l'univers vont devenir les conquérans de la paix: renfermés dans les limites que la nature assigna à leur pays, nulle ambition extérieure ne pourra les pousser au-delà. Mais malheur à l'étranger dont le pied sacrilége oserait fouler le sol de la patrie, il abreuverait de son sang la terre que son audace aurait outragée!

L'édifice des lois, reconstruit par la nation assemblée, s'élève majestueusement au milieu de nous. Elles sont accomplies ces hautes destinées que l'élu de la victoire promettait à son heureuse patrie! La France réunit dans son sein les sorts épars de la sybille, écrits en lettres d'or sur la table de la loi; ils parleront à nos neveux de la sagesse de nos institutions: ils leur diront que les Français, portés par vingt-cinq ans de victoire au faîte de la gloire militaire, et tout-à-coup précipités par une ingrate trahison dans les horreurs d'une invasion étrangère, semblèrent oublier pour un moment de quelle splendeur ils étaient descendus; mais que soudain, réveillés de la honte par le retour du père de la patrie, ils virent à son aspect les préjugés légitimes se précipiter vers la terre de l'exil. L'avenir attendri donnera des larmes d'admiration à cette gloire patriotique qui, tout-à-coup épurée de l'alliage honteux des triomphes étrangers, brille aux yeux de la postérité d'un éclat virginal. Les beaux âges de la Grèce auront trouvé de dignes rivaux; le présent n'enviera plus rien au passé; la civilisation rajeunie aura toute l'expérience de la vieillesse; le sceptre étendra sur toutes les têtes une égale part de protection, et tous les citoyens, admis, à jouir des mêmes droits, participeront aussi aux mêmes obligations.

Toutes ces vaines prérogatives de naissance, de titre, sont proscrites pour toujours: la patrie n'établit entre ses enfans d'autre distinction que celle des talens; eux seuls ont le privilége de porter un fardeau plus pesant de sa confiance ; eux seuls peuvent, au jour du danger, être placés au premier rang, marcher les premiers à la défense de la patrie menacée, et faire à l'intérêt commun le sacrifice de leurs intérêts particuliers.

Toute noblesse qui n'émane pas d'une âme généreuse, n'est à nos yeux qu'un vil préjugé. Quiconque, au contraire, sent battre son cœur de joie au récit d'une belle action, mérite que la patrie le mette dans le cas d'en faire une à son tour. C'est cette noblesse morale, la seule que puisse admettre une civilisation philosophique, qui marque les rangs de la société ; elle seule met entre les hommes une différence qui cesse dès qu'un même sentiment les anime tous.

Toutes les fois que l'amour de la patrie absorbe toutes les affections particulières, la société jouit de toute la plénitude de sa liberté. Il n'y a d'esclaves que les peuples qui ont des intérêts isolés.

Réunissons-nous donc, Français, autour de l'intérêt général ! Que la France, liée à ses institutions par une constitution consentie par tous, arrive au bonheur par la paix. Et toi qui tiens en tes mains nos destinées,

Napoléon, compose l'éclat de ta couronne de notre félicité publique ! assez long-temps tu fus le vainqueur du monde ; que le monde à son tour te proclame son bienfaiteur ! joins à tant de triomphes la victoire de la paix ; et la patrie reconnaissante replace sur ton front la double couronne du pouvoir et de la félicité.

M. P. R. Auguis.

LA MARCHE DE LA RÉVOLUTION.

Lorsque les lumières répandues chez un peuple ont avili ses anciennes institutions, une réforme dans les lois et dans le gouvernement est devenue nécessaire, une révolution est inévitable. En vain l'ignorance ou l'intérêt s'efforcent de lutter contre elle ; vouloir la contenir, c'est irriter sa violence, ses ressorts comprimés n'en deviennent que plus impétueux.

Heureux, sans doute, les peuples gouvernés par des hommes dont les principes et la conduite sont toujours en harmonie avec les lumières publiques ; mais bien plus heureux eux-mêmes ces conducteurs des nations, lorsqu'au lieu de contrarier l'opinion et de retenir leur siècle en arrière, ils favorisent son essor. et s'avancent, si je puis m'exprimer ainsi, à la tête des révolutions : cette gloire est leur unique réfuge ; s'ils ne conduisent le char, ils tombent écrasés sous la roue.

De grands, de terribles souvenirs nous ser-
vent ici d'exemples. Les ennemis de la France
peuvent, tant qu'ils voudront, blâmer les excès
de la révolution française ; eux seuls en seront
plus coupables, leur entêtement ou leur cupi-
dité ont fait tout le mal. Ils n'avaient qu'à suivre la nation, s'ils voulaient n'être pas réduits
à la calomnier un jour.

Eclairée sur ses droits et rendue à elle-même,
la France voulut se donner une constitution
libérale qui détruisît à jamais l'arbitraire, fon-
dât l'égalité entre tous les citoyens, et mît sous
la sauve-garde des lois la liberté et les propriétés
de chacun. C'est là que tendait la révolution
toute entière ; la révolution ne pouvait s'arrêter
que là ; la France ne pouvait être heureuse,
tranquille et florissante, tant que la révolution
ne serait pas terminée.

Alors, règnait sur nous une famille que l'habitude héréditaire du pouvoir absolu, que des
intérêts mal entendus séparaient de la nation ;
les Bourbons se voyaient amenés à des sacrifices
trop pénibles pour favoriser franchement le
nouvel ordre de choses. Il s'éleva donc une
lutte à mort entre la domination et la liberté ;
le trône défendit quelques temps encore ses
priviléges despotiques et son système décré-

dité ; mais l'esprit révolutionnaire ne capitule point : il est absolu, entier, tout-puissant. Trop étrangers au progrès de l'esprit humain, n'ayant pas encore éprouvé la force de l'opinion, ces princes ne sentirent pas le besoin de s'accommoder au temps : ils furent précipités, proscrits, bannis sans retour.

Leurs partisans, n'ayant plus de chef, restaient isolés, faibles et sans espérances ; l'égoïsme était vaincu, la liberté triomphante alloit tous les jours faisant des conquêtes plus nombreuses et plus faciles ; les idées libérales se répandaient, s'accréditaient, ne trouvaient plus d'obstacles ; la révolution s'avançait rapidement vers le terme, la loi était forte, et la nation devenait grande.

Tout-à-coup et par la force même des événemens, le trône que nous avions renversé se relève, la famille que nous en avions chassée y reparaît. Etonnée, effrayée de ce qu'elle a fait contre elle-même, la révolution s'arrête, elle s'indigne, et reprend sa marche puissante.

Quel est donc ce retour, et comment s'est-il opéré ? Est-ce que la liberté s'est repentie ? La France a-t-elle rappelé les Bourbons ? A-t-elle redemandé ses maîtres ? Mais la France n'exis-

tait pas alors qu'ils reparurent; la France était
la Russie, l'Autriche, la Suède ; elle était toute
l'Europe excepté elle-même : elle n'avait donc
point de volonté, à moins que trois cent mille
baïonnettes ennemies ne dussent paraître l'expression bien exacte du vœu national.

Si la France, libre de vouloir et de faire, eût
senti pour elle la nécessité d'un nouveau prince
et d'un nouveau gouvernement, aurait-elle pu
choisir ce prince dans la famille qu'elle a autrefois solennellement proscrite? Aurait-elle ima-
giné de demander une constitution libérale à
ceux-là mêmes qui avaient le plus de motifs de
haïr sa liberté ? Or, les Bourbons étaient ceux
de tous qui avaient le plus souffert de la révolution, ceux donc qui devaient travailler le plus
à détruire ce que la révolution avait élevé, à
relever ce qu'elle avait détruit ; en un mot, à
faire revivre l'ancien régime ; et s'il est vrai que
la France ne pouvait retourner à ce régime
odieux, qui pouvait donc l'engager à remettre
sa force dans les mains les plus intéressées
contre elle - même? Un homme peut s'oublier
jus que-là ; jamais une nation, et surtout la nôtre.
Supposé même qu'elle eût été réduite à prendre
au hasard un roi dans le monde entier, loin

qu'elle appelât les Bourbons, cette famille était peut-être la seule qu'elle aurait dû craindre, qu'elle aurait craint de rencontrer.

Et comment ne pas voir que la restauration était une véritable calamité nationale, un nouveau défi que le trône faisait au peuple, que tous les préjugés et tous les despotismes faisaient à nos lumières et à nos libertés ; en un mot, que le parti contre-révolutionnaire se ralliait en retrouvant un chef ; que dès-lors nous n'avions rien fait pour la patrie, rien pour nous-mêmes, et que la révolution recommençait ?

Or, comme l'intérêt et la volonté de la France ne pouvaient être que de terminer la révolution au lieu de l'entraver, il est évident que les Bourbons sont revenus contre l'intérêt, sans la volonté et contre la volonté de la France : leur expulsion était donc pour la France un besoin, une nécessité impérieuse ; et si les mêmes causes reproduites ramènent toujours les mêmes effets, si les mêmes obstacles à la liberté de la nation devaient rallumer la même indignation nationale, déterminer la même crise révolutionnaire, admirons la perfidie ingénieuse de nos libérateurs, admirons la générosité de leurs présens, et fions-nous aux Grecs. La discorde, la guerre civile, le fer et la flamme, voilà ce qu'ils nous avaient préparé, ce qu'ils avaient légué à notre patrie, ce que la France ne pouvait éviter que par un prodige.

Ce n'était pas sans doute un crime pour les Bourbons d'être de la famille du roi absolu détrôné ; mais c'était un malheur et pour eux et pour la France ; c'était un sceau de réprobation qui ne pouvait s'effacer. Ils étaient à craindre ; c'était assez pour que l'opinion les repoussât, les proscrivît une seconde fois.

D'ailleurs leur conduite n'a que trop justifié les alarmes ; ce qu'ils ont fait nous donne la mesure de ce qu'ils se promettaient de faire, et montre assez combien était hypocrite et mensongère cette libéralité qu'ils avaient d'abord mise en avant et si hautement professée.

Tels on les connut autrefois, tels nous les avons reconnus d'abord : nous avons vu des princes, sortant pour ainsi dire aujourd'hui de l'ancienne cour, n'ayant quitté aucune habitude de famille, déposé aucune prétention ; livrés aux mêmes préjugés, se flattant des mêmes illusions, fiers, ambitieux, tyrans par principes, ne soupçonnant pas même qu'on eût pensé en France, tandis qu'ils s'occupaient à vivre en Angleterre ; en un mot, toujours naturels dans les erremens du despotisme, disposés à se croire dégénérés et infidèles à la grandeur de leur race, s'ils ne parvenaient à reconquérir la même tyrannie qu'avaient exercée leurs ancêtres, tyrannie qu'ils appelaient si plaisamment leur héritage, et dont la destruction était à leurs yeux une violation des droits les plus saints, un attentat à la propriété, un crime enfin qui déshonorait la France, et que la France avait à réparer.

Nous n'entrons point ici dans le détail immense des fautes qu'ils ont commises ; il leur était impossible de n'en pas commettre : on aurait pu les compter d'avance. Ces hommes qui devaient se croire d'autant plus éloignés du trône qu'ils en avaient été plus près autrefois, comment pouvaient-ils ne pas s'étourdir, en regardant de si haut l'abîme dont ils venaient de sortir? Comment ne pas se livrer à ces espérances qui leur étaient si naturelles et qui semblaient devenues si faciles? Comment s'occuper du bonheur de la France, et vouloir sa liberté quand eux-mêmes, quand leurs amis, leurs fidèles conseillers n'avaient qu'un intérêt, qu'une résolution, celle de bouleverser la France et de l'asservir?

Une poignée d'hommes fiers, ignorans, vieillis dans l'oisiveté et dans l'exil, après avoir pendant vingt-cinq années oublié ou combattu leur patrie, revenait avec insolence se vanter à elle-même des soins qu'ils avaient pris de la détruire, se faisant des vertus de leurs crimes, et à nous des crimes de nos vertus, usurpant tous les honneurs, et ne nous laissant que la honte.

La liberté, l'égalité, ces droits que nous avions conquis avec tant de peines, que nous avions conservés par tant de sacrifices et payés de notre sang, des traîtres, des brigands, le rebut et l'opprobre de la nation, allaient nous les ravir sans péril.

Non moins avares qu'ambitieux, ennemis de toute pudeur et de toute justice, ne les avons-nous pas vus, pieusement perfides, s'associer les ministres du ciel, et, d'accord avec ces propriétaires éternels des âmes, s'appliquer sans relâche à corrompre l'opinion, à tromper les consciences, à susciter des alarmes, des craintes, des remords, à miner les lois fondamentales de la société, en leur opposant de prétendues lois plus anciennes, plus fortes et plus saintes ? Et la France les aurait soufferts, et la nation éclairée, la nation généreuse serait restée muette et immobile sous leurs mains, et la révolution se serait arrêtée devant ces restes méprisables du vieux temps et de la barbarie! Non, non , si nul obstacle ne peut empêcher les révolutions de naître, à plus forte raison n'est-il point de barrière qui puisse les arrêter dans leur cours. Lorsque le temps est venu , il faut qu'elles éclatent ; commencées, il faut qu'elles s'achèvent.

Mais quand les Bourbons et leurs partisans n'auraient point commis de fautes ; quand ils n'auraient point dû se détruire par leurs propres œuvres et se précipiter eux-mêmes , le caractère seul de leur restauration avait annoncé leur chute inévitable , et préparé leur ruine dernière.

Non-seulement les vaincus de nos troubles civils rentraient pour donner la loi aux vainqueurs , mais la force qui les avait ramenés n'était pas leur force , la victoire dont ils s'emparaient n'était pas leur victoire : nos seuls malheurs faisaient tous leurs succès et toute leur prospérité. Leur élévation n'était que le triste monument de nos revers : c'était l'œuvre de nos ennemis , et l'œuvre de nos ennemis ne pouvait subsister devant nous, parce que la nation française n'oubliera jamais l'honneur , parce qu'un peuple qui ne se laisse pas vaincre, se laisse encore moins avilir.

Les Bourbons étaient donc , par leur seule

présence au trône, en opposition avec l'intérêt, la gloire et l'honneur de la France : ils étaient d'ailleurs, ou par eux-mêmes ou malgré eux, ennemis de la révolution ; et comme la révolution est le fruit des lumières, le besoin du temps, la volonté nécessaire et invincible de la nation française tout entière, comme l'action des Bourbons sur la France ne pouvait être aussi forte que la réaction de la France sur les Bourbons, les Bourbons devaient tomber par la force des choses. Mais cette crise qu'on voyait avec effroi se hâter chaque jour, de quels maux encore n'allait-elle pas couvrir la France, si Napoléon n'eût une seconde fois sauvé la patrie en se montrant à elle, si par le nouveau miracle de son retour, dissipant comme une ombre les auteurs de cette guerre sacrilége, il n'eût prévenu ou, pour mieux dire, déterminé et secondé le mouvement général qui les repoussait ?

Sa facile conquête, ou plutôt son triomphe, a mis à découvert et l'impuissance des hommes anciens, et la force de la nation nouvelle ; qu'il continue son ouvrage, qu'il conduise vers le terme une révolution si heureusement recommencée. La restauration des Stuart avait appris à l'Angleterre, et celle des Bourbons vient d'apprendre à la France qu'avec une constitution nouvelle il faut un prince nouveau, un prince qui, n'ayant jamais eu de pouvoir que par la constitution, ne soit pas tenté de regarder le pouvoir constitutionnel comme un pouvoir tronqué; car, en voulant l'étendre pour le compléter et le rendre parfait, il tendrait à dénaturer, à renverser la constitution. L'Angleterre a trouvé dans Guillaume III le prince nouveau, le prince vraiment constitutionnel dont elle avait besoin : Napoléon, porté au trône par la volonté de la nation régénérée, créé par la révolution, n'étant rien que par elle et avec elle, se trouve forcé de la maintenir; ce n'est qu'en l'assurant qu'il peut s'assurer lui-même : il est essentiellement l'homme nouveau, le prince de la constitution nouvelle, le prince national, qu'il soit pour nous un Guillaume III.

M. B. C.

LES PRINCES DE LA MAISON DE BOURBON.

Louis XVIII est évidemment supérieur à son frère et à ses neveux; mais ce prince a plus d'instruction que de lumières. Il sait par cœur Horace et Juvénal, et ne sait pas l'administration. Il connaît à fond les Grecs et les Romains, et ne connaît pas les hommes de son temps Un long séjour en Angleterre lui a donné quelques idées justes sur les gouvernemens représentatifs, et ne peut lui avoir appris l'art de gouverner.

Louis XVIII écrira avec esprit un article de journal, dont le succès dans Paris lui causera le plus grand plaisir à son lever; mais il laissera ses ministres présenter en son nom, à la chambre des députés, tel rapport qui fera perdre cent voix en un jour, et lui portera une atteinte mortelle dans l'opinion. Il rédigera avec élégance et mesure une déclaration diplo-

matique ; mais il ne saura ni obtenir , ni con-
server de l'influence sur les cours étrangères.
On louera sa modération écrite en phrases bien
arrondies, et l'on disposera des royaumes sans
avoir égard à ses remontrances paternelles ,
sans lui faire la plus petite concession. Enfin,
Louis XVIII, tel que nous l'avons vu , me pa-
raîtrait fort à sa place dans la troisième classe
de l'Institut : je vois en lui un érudit , un bon
académicien , mais j'y cherche vainement un
roi.

A une faiblesse incurable dans les Bourbons de nos jours , Louis XVIII joint un extrême entêtement sur certains points. De ces
deux défauts réunis est résultée, dans la conduite de ce prince, une faute qui est celle de
toute sa vie depuis l'émigration ; une faute qui,
après l'avoir compromis dans l'étranger , lui a
fait un grand nombre d'ennemis en France,
même parmi ses plus zélés serviteurs. Depuis
vingt-cinq ans, Louis XVIII a toujours eu un
favori en titre , et ce favori l'a toujours emporté
sur les amis , les parens , le frère du prince. Si
vous ne connaissez pas le favori , nul espoir de
parvenir jusqu'au roi. Une femme jalouse et
opiniâtre n'est pas plus assidue auprès de son
mari, que le favori auprès de son maître. Im-

possible à ce dernier d'admettre une personne, de recevoir un papier, d'ouvrir une lettre sans la présence ou l'intervention du ministre de sa chambre et de son cabinet ; car on ne peut pas donner un nom plus relevé aux personnages médiocres auxquels le roi se livre sans réserve.

Louis XVIII sent qu'il est asservi : il s'en indigne quelquefois ; il hait secrètement l'auteur de cette violence habituelle ; il le méprise et le conserve. N'ayant pas assez d'énergie pour secouer le joug, il s'abandonne à un moment d'humeur en l'absence du valet qui le tyrannise, et bientôt il reprend, sans murmurer, sa chaîne accoutumée. L'ascendant qu'on peut usurper sur ce prince est si fort, qu'il résisterait à sa famille, à ses amis, aux rois de l'Europe, s'ils voulaient obtenir de lui le renvoi de son favori.

Né moins franc que son frère aîné, Louis XVIII a, comme lui, l'espèce de fausseté inséparable de la faiblesse. Une bonhomie naturelle et une certaine âpreté dans les formes couvraient, au premier coup-d'œil, ce défaut dans Louis XVI ; une bonhomie étudiée, des cheveux blancs et la vieillesse font d'abord la même illusion en faveur de Louis XVIII. Ni le premier, ni le second de ces princes n'ont pu échapper aux soupçons qu'inspire une conduite équivoque. Tous les regards fixés sur eux ont deviné sans peine qu'ils jouaient deux rôles, l'un public, l'autre secret; que, comme Pénélope, ils detruisaient la nuit leur ouvrage du jour. Dès-lors plus de confiance. L'un et l'autre rois ont alarmé leurs ennemis sans pouvoir rassurer leurs amis, qui les connaissaient trop bien pour en attendre de l'audace et de la fermeté aux jours du péril. Effectivement, le péril a éclaté, et l'on a vu les deux frères céder de même aux circonstances, au lieu de faire tête à l'orage; Louis XVI est allé se livrer à l'assemblée nationale : Louis XVIII est allé se livrer aux étrangers.

Quelques préventions favorables qu'on apporte à l'examen de la conduite du Roi, on est cependant forcé d'y reconnaître des fautes graves, et qui devaient nécessairement perdre leur auteur. On est forcé d'avouer qu'il n'a montré aucune connaissance des hommes et des choses; qu'il a ignoré jusqu'au dernier moment les dispositions et l'état de la France; qu'il n'a pas su tenir avec fermeté les rènes du gouvernement; enfin, qu'après un règne de onze mois, pendant lesquels son autorité dépérissait d'heure en heure, il a perdu le trône en un jour. Je demande à tout homme éclairé si un tel prince peut régir la France. Je demande si l'on peut se rallier avec quelque raison à un roi qui prend toujours la fuite dans les circonstances difficiles, qui n'a jamais su se mettre à la tête d'un parti, même lorsque deux millions d'hommes étaient armés pour sa cause; qui n'ose rentrer sur la terre natale qu'avec l'odieux cortége des troupes ennemies. Je demande quelle garantie, quelle sûreté offre pour l'avenir un roi parvenu à un âge où l'on ne change plus, et dont toutes les erreurs sont tellement inhérentes à son caractère, qu'il les eût commises à trente ans comme à soixante. Louis XVIII n'est pas propre au gouvernement. Il ne sait ni exercer l'autorité par lui-même, ni choisir des ministres habiles pour l'exercer en son nom; il n'est ni homme de tête, ni homme d'exécution. Enfin, il nous a donné sa mesure par la mollesse de sa conduite sur le trône, et par la rapidité de sa chute. Il ne convient pas à la France. Cependant, je le répète, ce prince est vraiment le phénix de la famille royale.

Le comte d'Artois n'a reçu de la nature ni pénétration dans l'esprit, ni rectitude dans le jugement. Léger, superficiel, une éducation

où l'élève ne répondit jamais aux soins du maître, a laissé ce prince sans iustruction. Une
jeunesse orageuse et dissipée l'a éloigné de
toutes les choses solides, et rendu incapable
d'application et d'étude. C'est une tête vide
qui ne peut rien recevoir et rien garder. Le
cœur du comte d'Artois est meilleur que sa tête.
Il y trouve quelquefois des mots heureux qui
font une certaine fortune; mais le bon sens ne
soutient pas ces succès passagers ; mais la raison ne vient pas au secours de quelques qualités aimables, et d'une certaine facilité de
mœurs, frivoles avantages dans un prince placé
sur les degrés du trône. Le comte d'Artois devait plaire un moment ; mais quand il a fallu
laisser voir de près une inaptitude absolue
pour les affaires, une désespérante incapacité,
ce prince a vu s'évanouir en un moment le
prestige qui fascinait les yeux des admirateurs
qu'ils s'était conciliés par des manières enga-
geantes. Je ne veux pas retracer avec de vi-
ves couleurs la faute nationale qui a signalé
l'entrée du comte d'Artois dans le conseil ; c'est
assez qu'il porte le nom de Français pour que
je désire effacer une pareille tache dans notre
histoire. Pardonnons à ce prince, mais ne le
prenons jamais pour chef ; il est dix fois plus

faible que son frère : il manque tout-à-fait de lumières. Facile à aborder, plus facile à subjuguer, il vient de passer de la domination des femmes sous l'empire des courtisans et des prêtres. Une dévotion aveugle remplace dans son cœur sa dernière maîtresse, sur la tombe de laquelle il semble avoir déposé les passions de la jeunesse. Avec si peu de moyens pour régner, le croirait-on? le comte d'Artois n'est pas sans ambition ; il désire le trône, et promettait imprudemment à ses familiers de grands changemens dans l'ordre des choses, s'il occupait une fois le rang suprême. Aussi on peut dire que ce prince, entraîné par ses affidés et par une certaine confiance en lui-même, s'essayait déjà au rôle qu'il espérait jouer un jour. On avait formé, dans son intérieur, un petit gouvernement à part : ce gouvernement avait ses ministres, ses administrateurs, ses juges, ses agens dans la France; il paralysait l'action de l'autorité royale; il défendait ou retardait, au moins par une influence cachée, l'exécution de mesures ordonnées publiquement, il blâmait toutes les concessions que Louis XVIII s'était cru obligé de faire à la nation. Je vous réponds de l'avenir, est un mot échappé à l'imprudence du prince qui ne prononça ja-

mais les noms de constitution et de liberté,
excepté dans le moment extrême où il crut
pouvoir regagner, par des sermens tardifs et
par des paroles, les cœurs qu'on avait perdus.
Voilà les talens, les dispositions et la conduite
du comte d'Artois : ainsi notre perspective était
d'avoir pour roi un prince étranger aux lumières
du siècle, et qui n'est pas même l'ombre de celui qui n'a pas su se soutenir un an sur le trône
de France. Ainsi, à l'avènement du comte d'Artois, une révolution nous attendrait au bout de
six mois, et la patrie serait en proie à de nouveaux déchiremens.

Pourquoi faut-il que dans cette famille les
talens et la capacité décroissent dans une pro-
gression si rapide et si brusque? Le duc d'Angoulême, dénué des avantages extérieurs de
son père, brave, dit-on, de sa personne, ne
sait rien, ne peut rien apprendre. Comme militaire, un simple sous-lieutenant est plus ins-
truit que lui; comme homme civil, il ne connaît pas les élémens de l'administration, et ne
soupçonne rien de la marche d'un gouvernement. Partout il serait inhabile au trône, mais
surtout au milieu d'une nation qui demande
une main ferme, une tête forte et éclairée dans
son chef. Assez doux de caractère, assez facile

d'humeur, il aurait pu obtenir quelque atta-chement; mais une épouse altière, impérieuse, aigrie par l'infortune, douée d'un esprit rebelle à toute culture, et d'un cœur superstitieux, exerce sur ce prince un funeste ascendant. Pour comble de malheur, le duc d'Angoulême, jeune encore, est absorbé par les pratiques d'une dévotion aveugle, qui rétrécit sa tête et son cœur. L'avenir ne présente pas un aspect riant sous un prince semblable, et cependant on pourrait encore le regarder comme un pré-sent du ciel en le comparant à son frère.

La nature avait traité le duc de Berry avec moins de rigueur que le duc d'Angoulême. Il a plus d'esprit, d'instruction et de facilité. Il ne manque pas d'une certaine exaltation de tête, d'une certaine chaleur d'âme dont on pouvait tirer parti. Un maître habile et prudent aurait fait quelque chose du duc de Berry; mais jeté de bonne heure dans les camps, long-temps abandonné à lui-même, il s'est livré, surtout pendant son séjour en Angleterre, à d'incroya-bles désordres. Il a pris les habitudes et les mœurs d'une société dépravée. C'est ce qu'on appelle en France un homme perdu.

L'espoir de sortir de l'humiliation dans la-quelle il était plongé, l'honneur de remonter

au rang ou l'appelait sa naissance, l'ascendant
que la politesse et le commerce des Français
exercent nécessairement sur un prince qui veut
essayer de leur plaire, ont paru relever un moment l'âme du duc de Berry, et opérer un heureux changement dans sa conduite. Ses amis et
son oncle même étaient sur le point de conce-
voir sur son compte des espérances qu'ils avaient
perdues depuis long-temps; mais un naturel
gâté ne se réforme pas. Les mauvaises habitudes ne disparaissent pas en un jour quand
elles ont poussé de profondes racines dans l'esprit et dans le cœur d'un homme d'un rang assez
élevé pour trouver des flatteurs, d'une fortune
assez considérable pour avoir tous les moyens
de se livrer à l'emportement de ses passions.
Grossier, dur, despotique, ne respectant ni
lui-même ni les autres, le duc de Berry a aliéné
tous les cœurs; il a indigné l'armée; il s'est at-
tiré le mépris des peuples; enfin, il a perdu sa
famille et son roi, et leur a fait payer bien cher
l'imprudence de confier leur sort à un étourdi
dont ils connaissaient les débordemens et la
folie. Le duc de Berry est un soldat de mauvaises mœurs, qui, monté sur le trône, pré-
tendrait nous dicter des lois absolues, et gou-
vernerait la France du milieu des orgies. Ajou-

ions une dernière vérité qui n'est pas propre à rassurer les esprits les plus prévenus en sa faveur. Avec sa violence et son penchant à la colère, le duc de Berry est encore marqué du sceau particulier de sa famille. Il est faible et sans tenue, et un peu de résistance obtient de lui le renoncement aux ordres qu'il a donnés de la manière la plus dure et la plus impérieuse.

Ces réflexions sont sévères ; mais si elles sont d'une exacte vérité, si ceux mêmes qui ont du penchant pour cette famille ne peuvent les contester, si les plus zélés serviteurs ont été plus d'une fois forcés à reconnaître dans leurs princes les défauts que nous venons de signaler, quel est l'homme sensé qui voudrait embrasser leur cause ? Quel est le Français assez peu ami de son pays pour vouloir rétablir, comme gardiens de nos lois, des princes ennemis nés de la liberté, ou incapables de la défendre, quand même ils pourraient lui sacrifier des préjugés invétérés ? C'est une impiété à ces princes, c'est un aveuglement sans excuse à leurs partisans de vouloir attirer la guerre étrangère dans leur pays, pour une cause qui n'est pas celle de la nation ; mais ne parlons ni de devoirs, ni de vertus, ni d'amour de la patrie : laissons de côté tout ce que ces noms sacrés imposent d'obligation et de respect à des cœurs généreux ; ne parlons aux Bourbons et à leurs adhérens que de leur intérêt, ce mobile de presque toutes les actions humaines.

Je suppose, ce qui est impossible, la défaite du peuple français. De quel œil verrait-il des princes remonter sur le trône, tout couvert de son sang répandu par l'étranger? Ce peuple serait-il disposé à obéir avec joie, à courber le front sous un joug imposé par la force? Non, sans doute : il faudrait donc mendier l'appui des troupes ennemies, et les garder long-temps à la solde d'une nation qu'on voudrait maintenir dans la dépendance. Cette humiliation ne pourrait pas durer long-temps ; et si une fois les Français éclataient contre leurs opresseurs, quelle ne serait pas leur vengeance ! Si au contraire on prenait la résolution de renvoyer enfin les troupes étrangères, quel rempart, quelle digue pourrait arrêter l'explosion du courroux national ? Les faibles mains qui n'ont pu retenir un moment leur autorité chancelante, quand la nation semblait appaisée par l'espoir du repos, pourraient-elles gouverner ce débordement de l'indignation générale? Il y aurait une nouvelle révolution, nécessaire, indispensable, terrible. Le sceptre des Bourbons serait de nouveau brisé, leur famille expulsée, et leurs partisans exposés à une ruine certaine. Que les dieux et la France préviennent à jamais de pareils malheureurs! Que les Bourbons soient assez éclairés pour conjurer ces nouveaux orages, en renonçant au désir insensé de ressaisir le pouvoir au milieu de nous!

M. R.

Post-scriptum.

Le duc d'Orléans méritait bien de figurer dans cette liste, quoique ses droits à la couronne soient éventuels. Le caractère de ce prince aurait un peu relevé celui des autres Bourbons. L'élève de madame de Genlis a de brillantes qualités: son instruction est très-variée; ses manières sont affables, son élocution facile. On trouve en lui une partie des grâces de son père et de la bonté de sa mère. Ses principes philosophiques, épurés par le malheur, lui ont donné beaucoup de tolé-

rance ; sa bravoure le ferait aimer du soldat ;
son esprit ferait croire qu'il a plus d'étendue
et de profondeur dans les idées qu'il n'en pos-
sède réellement ; ses mœurs sont régulières,
et ses passions ne le porteront jamais à des
excès. Avec de si grands avantages, il est pénible de penser qu'il n'a point les vertus qui
conviennent à un souverain. Personne n'est
plus faible, plus indécis que lui. Aussi timide
en affaires que brave au champ d'honneur, il
change vingt fois d'avis dans un jour. On ac-
quiert facilement sa confiance ; il écoute toutes les opinions, dissimule la sienne, et cherche toujours un parti mitoyen. Sa politique
consiste à balancer les intérêts opposés, et à
ne pas laisser pénétrer sa faiblesse. Le système
des contrepoids serait le sien. Ce système a
perdu le directoire ; il perdrait le duc d'Orléans, qui, par des ménagemens et des consi-
dérations particulières, oublierait bientôt l'intérêt général. Sitôt qu'il sentirait son incapacité, il se livrerait à quelque ministre ambitieux qui voudrait jouer le rôle de Richelieu,
et ne serait peut-être qu'un Talleyrand. Les
Orléanistes espèrent attacher les patriotes à
leur cause, en présentant le duc d'Orléans

comme un ami des idées libérales, comme un homme qui n'a point de vengeances à exercer, et qui peut concilier les Bourbonnistes avec les constitutionnels. Vous venez de voir à quel prix se ferait cette conciliation.

De l'Imprimerie de POULET, quai des Augustins, N°. 9.